Los animales

Los osos

Donna Bailey

Comienza un cálido día de verano.
Esta madre osa y sus cachorros
acaban de despertarse.
Tienen hambre después de dormir toda la noche.

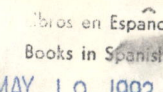

Se les llama osos grises porque su tupida piel de color café tiene puntas blancas.
Los osos grises viven en Norteamérica.
Son muy feroces y peligrosos.

A los osos les gusta vivir solos.
El macho no vive con la hembra.
La madre osa vive con sus cachorros
en una guarida del bosque.
La guarida de los osos se llama osera.

Los cachorros se llaman oseznos.
Este osezno tiene ya tres meses.
Su pelo es todavía suave y corto.

Los oseznos ya tienen seis meses.
Les gusta jugar juntos y hacer
como que se pelean.

Los oseznos siguen a su madre cuando ésta cava en el suelo en busca de raíces para comer.
Ella les enseña dónde buscar comida.

La madre osa ha visto
un nido de abejas silvestres que cuelga
de una rama sobre su cabeza.
Lo golpea con la pata.
Las abejas zumban alrededor de
su cabeza y tratan de picarla.

La osa se queja cuando una abeja
le pica en la nariz,
pero sigue insistiendo.
El nido cae al suelo y se rompe.
Los osos lamen toda la miel.
Les encanta.

Los osos no ven ni oyen muy bien, pero tienen un buen sentido del olfato.
Los oseznos huelen la tierra.
Pueden oler los insectos que hay bajo la hierba.
Los osos también comen insectos.

La madre osa sigue teniendo hambre.
Lleva a sus oseznos al río.

Ahí hay muchos osos.
Todos han venido a pescar
salmones en el río.

La madre osa se mete en el agua.
Los oseznos la siguen.
La madre les enseña a pescar
salmones en el río.

La osa saca el pez
del agua con la pata.
Lo lanza sobre una piedra, donde
podrá comérselo.

Otro oso quiere llevarse
su pez.
La osa le gruñe y le muerde
al oso.
Al final el otro oso se va.

En invierno la nieve cubre la tierra.
Hace mucho frío y la osa
no puede encontrar comida bajo tanta nieve.
La osa y sus oseznos se acurrucan
en su osera y se duermen.

Todos los osos duermen mucho en invierno.
Sólo salen a pasear si hace sol
y no hace demasiado frío.
Este oso polar ha salido de su osera
para disfrutar del sol.
Pronto volverá al calor de su guarida.

Los osos polares viven en el frío Polo Norte.
Ahí el invierno es muy largo y oscuro.
El mar se congela y la nieve cubre la tierra.

Los osos polares hacen sus oseras en la nieve. Se quedan en ellas hasta la primavera.

La madre osa y sus oseznos
se acurrucan juntos para darse calor.
Los oseznos nacieron en invierno.

La madre osa alimenta a los oseznos con su leche.
Cuando sean mayores les enseñará a cazar focas y a pescar.

A los oseznos les gusta jugar en el hielo.
Ruedan por el suelo y hacen como que
se muerden.

Los osos polares tienen enormes patas y unas garras largas y gruesas.
El pelo de entre los dedos impide que se resbalen en el hielo cuando andan.

Los osos polares pueden nadar kilómetros en el mar helado.
La madre osa se zambulle en el agua para pescar.

Ahora la madre osa está cansada.
Sube a la orilla y
se sacude el agua helada
de su larga piel.

Este oso es más pequeño que un oso polar.
Es un oso negro americano.
Tiene dientes afilados y largas garras.

El oso está luchando contra un puma.

El puma tiene también dientes afilados, pero el oso negro es más fuerte que él.

El oso muerde y echa al puma.

Los osos negros trepan a los árboles en busca de fruta y de insectos para comer.
Sus largas garras les ayudan a sujetarse en el árbol.

Hasta los oseznos del oso negro
saben trepar a los árboles.
Este osezno descansa en una rama.
En el árbol está a salvo del puma.

Los pandas gigantes también trepan
a los árboles.
El panda gigante es un tipo especial de oso.
Tiene el pelo blanco, espeso y lanoso.
En las patas y alrededor
de los ojos tiene el pelo negro.

Los pandas viven en los bosques y montañas de China.
Su comida favorita es el bambú que crece en los bosques.

Quedan muy pocos pandas en el mundo.
La gente corta los bosques de bambú y los pandas no tienen nada que comer.
Ahora la gente trata de salvar a los pandas de la extinción.

Índice

abejas 8, 9
apareamiento 4
árboles 28, 29, 30
bambú 31, 32
bosques 4, 31, 32
cachorros 2, 4, 5
cazar 21
China 31
dientes 26, 27
focas 21
fruta 28
garras 23, 26, 28
insectos 10, 28
invierno 5, 16, 17, 18, 20
leche 21
miel 9
nadar 24
nieve 16, 18, 19

Norteamérica 3
olfato 10
osa 2, 4, 7, 8, 9, 11, 13, 14, 15, 16, 20, 21, 24, 25
osera 4, 16, 17, 19
oseznos 5, 6, 7, 10, 11, 13, 16, 20, 21, 22, 29
oso gris 3
oso negro americano 26, 27, 28, 29
oso polar 17, 18, 19, 23, 24, 26
panda 30, 31, 32
pescar 12, 13, 14, 21, 24
Polo Norte 18
primavera 19
puma 27, 29
raíces 7
verano 2

Executive Editor: Elizabeth Strauss
Project Editor: Becky Ward

Illustrated by Paula Chasty
Picture research by Suzanne Williams
Designed by Richard Garratt Design

Photographs
Cover: ZEFA
Bruce Coleman: title page, 3, 28, 29 (Erwin & Peggy Bauer), 5, 13, 14, 20, 22 (Leonard Lee Rue), 11 (Jeff Foott), 17 (W. W. F./Thor Larsen), 21 (B. & C. Alexander), 25 (Norman Owen Tomalin), 26, 27 (Jonathan Wright), 30 (W. W. F./Kojo Tanaka), 13 (W. W. E./Timm Rautert)
Frank Lane Picture Agency: 2, 6, 10, 16, 24 (Mark Newman), 4 (Gosta Tysk), 7 (C. Rhode), 12 (Leonard Lee Rue), 23 (C. Carvalho)
OSF Picture Library: 15 (Frank Huber)
ZEFA: 32

Library of Congress Cataloging-in-Publication Data: Bailey, Donna. [Bears. Spanish] Los osos / Donna Bailey. p.   cm.—(Los animales) Translation of: Bears. Includes index. SUMMARY: Discusses the characteristics of different kinds of bears and also introduces the panda. ISBN 0-8114-2659-9 1. Bears—Juvenile literature. 2. Giant panda—Juvenile literature. [1. Bears. 2. Giant panda. 3. Spanish language materials.] I. Title. II. Series. QL737.C27B34418   1991   599.74'446—dc20   91-23776   CIP   AC

ISBN 0-8114-2659-9
Copyright 1992 Steck-Vaughn Company
Original copyright Heinemann Children's Reference 1991
All rights reserved. No part of the material protected by this copyright may be reproduced or utilized in any form or by any means, electronic or mechanical, including photocopying, recording, or by any information storage and retrieval system, without permission in writing from the copyright owner. Requests for permission to make copies of any part of the work should be mailed to: Copyright Permissions, Steck-Vaughn Company, P.O. Box 26015, Austin, Texas 78755. Printed in the United States of America.

1 2 3 4 5 6 7 8 9 0 LB 97 96 95 94 93 92